LETTRE

D'UN LIEUTENANT

DE L'ARMÉE D'AFRIQUE.

LA GUERRE D'AFRIQUE.

LETTRE

D'UN LIEUTENANT

de l'Armée d'Afrique,

A SON ONCLE,

Vieux Soldat de la Révolution et de l'Empire.

PARIS,
IMPRIMERIE DE COSSE ET G.-LAGUIONIE,
RUE CHRISTINE, 2.
1838.

LETTRE
D'UN LIEUTENANT
DE L'ARMÉE D'AFRIQUE
A SON ONCLE,
(Vieux soldat de la Révolution et de l'Empire.)

Vous voulez, mon cher oncle, que je vous raconte nos dernières campagnes en Afrique; vous ne m'y avez guère encouragé cependant par la manière dont vous avez accueilli les récits que je vous ai faits au coin du feu durant mon dernier congé. C'est à peine si le combat de Staoueli et le siége du fort de l'Empereur ont pu réveiller un peu cette physionomie si animée, si martiale quand vous parlez de vos batailles de Rivoli, de Marengo, d'Austerlitz, de Jéna, etc.; etc.; mais ces grands drames sont aussi rares que les capitaines comme Napoléon. J'espère bien les voir revenir, parce que nous sommes en paix depuis vingt-cinq ans. Toutefois, n'allez pas croire, mon cher oncle, que j'aie oublié une de vos maximes, que les militaires ne doivent jamais désirer la guerre dans la seule vue de leur avancement ou de leur gloire, qu'ils doivent seulement vouloir la faire dans l'intérêt du pays.

En attendant cette circonstance tant désirée par les jeunes officiers comme moi, j'ai été bien heureux de pouvoir acquérir quelque expérience dans les petits combats et les pénibles marches de l'Afrique. — Je vous vois sourire d'incrédulité, parce que, comme vous l'avez fait si souvent, nous n'avons pas eu à braver le feu de quatre cents pièces de canon et les efforts réguliers de deux cents bataillons et autant d'escadrons. Mais vous savez mieux que moi qu'il y a autre chose à la guerre que de grandes batailles : le calcul des marches, leur ordre, leurs fatigues, les reconnaissances, le service des avant-postes devant les Arabes, si légers, si rusés, si entreprenants; l'organisation et la conservation des convois, qui sont la base de toute opération dans ce pays, où l'ennemi en fuyant ne laisse rien derrière lui; l'art de fonder et de conserver un bon moral aux troupes, en parcourant des broussailles brûlantes où l'on est heureux de trouver un filet d'eau suffisant pour abreuver la colonne; la vigilance, la prudence de tous les instants, qu'il faut garder en présence des Numides modernes; enfin les combats contre ces multitudes dont les cris, l'intrépidité individuelle et le désordre même, ont quelque chose de saisissant et d'embarrassant pour les militaires accoutumés à la régularité d'Europe, et qui n'ont pas réfléchi au peu de force d'ensemble qu'il y a dans ces masses sans organisation, sans tactique et sans discipline : tout cela, à coup sûr, est fort instructif et peut bien préparer nos jeunes officiers à faire de plus grandes choses sur un autre terrain. Cette pensée doit être pour la France un dédommagement de ce que lui coûte une entreprise qui pendant longues années encore lui produira, selon moi, peu d'avantages... Mais j'oubliais que si vous regardez la guerre d'Afrique avec dédain, vous êtes colonisateur passionné. Je m'arrête donc sur ce point, et je commence mon récit. Vous jugerez, j'espère, que si je n'ai pas vu vos combats de géants, j'ai su observer et comprendre les principes qui nous ont été démontrés par nos chefs. J'ai même retenu leurs harangues presque littéralement, et je ne pourrai me dispenser de vous en faire connaître quelques-unes, afin que vous saisissiez mieux ce qu'est cette guerre du désert.

Vous savez que je rejoignis mon nouveau régiment à Marseille, au moment où il s'embarquait pour aller porter secours à la brigade d'Arlange, bloquée à l'embouchure de la Tafna, depuis le fâcheux et honorable combat du 25 avril. Le général qui devait commander l'expédition présidait à l'embarquement.

Jamais on ne vit une troupe plus heureuse et plus enthousiaste. Elle chantait en chœur la *Parisienne* et la *Marseillaise*, à briser les vitres des maisons qui entourent le port. « Que vous êtes heureux de com-
« mander ces braves, disaient au général de jeunes
« bourgeois qui l'entouraient. Avec un tel enthou-
« siasme, vous déferez tous les Arabes. »

« Je suis heureux, sans doute, répondit-il, de voir à nos soldats cette joie et cette confiance qui est le gage de la force morale, la première de toutes. Mais l'enthousiasme est une passion fugitive; il résiste rarement aux longues fatigues, aux privations, aux grandes intempéries. L'honneur du drapeau, la discipline, la fermeté, le sang-froid, la fraternité régimentaire, le patriotisme vrai, sont des qualités plus solides. On peut tirer un heureux parti de l'enthousiasme dans les grandes circonstances, mais il ne faut le réveiller qu'au moment critique. L'enthousiasme peut, à certaines époques, pousser des multitudes à la guerre; seul, il ne constitue pas une bonne armée, quoi qu'on en dise souvent. »

Ces paroles me frappèrent, et cependant j'étais loin de penser que les faits viendraient sitôt me prouver combien elles étaient justes et vraies.

Après une navigation assez heureuse, nous débarquâmes, le 6 juin, dans la mauvaise crique de la Tafna. Pour aller prendre notre bivouac, nous traversâmes la brigade d'Arlange, dont la joie attestait que notre arrivée lui faisait oublier ses misères. Depuis quarante-deux jours, cette brigade était bloquée sur un sable brûlant où les insectes la dévoraient. Elle avait manqué de vivres et de munitions pendant plusieurs jours, et n'avait dû son salut qu'à sa belle contenance qui imposa aux Arabes. Les hommes étaient maigres et basanés, mais leur physionomie prouvait que le moral n'était pas abattu par tant de maux. Malheureusement, nos jeunes soldats furent moins frappés du regard de ces hommes bronzés que du spectacle de leur détresse, du désordre de leurs vêtements et de l'aspect triste de la mer de broussailles dénuée d'habitations et de cultures au milieu de laquelle nous nous trouvions. Les nouveaux venus marchaient silencieusement; on ne chantait plus; les figures étaient mornes et allongées; enfin, nous avions plutôt l'air d'une procession que d'une colonne qui va se former en présence de l'ennemi.

Le général, qui s'aperçut bien vite de ces impressions fâcheuses, ne négligea rien pour les détruire et pour leur substituer un moral ferme et élevé. Il parla aux trois régiments formés en masse, de la manière dont il entendait faire la guerre; il analysa la force des Arabes et la puissance supérieure de notre infanterie, de manière à convaincre tout le monde. Voici ses paroles que j'ai gravées dans mon esprit: « Sans organisation, sans discipline ni tactique, une grande réunion d'hommes n'a que des moyens individuels, incapables de former un ensemble redoutable. Comment en effet diriger à propos vers un but commun cette multitude désordonnée, quand on n'a pour la mouvoir ni mécanisme, ni langage convenu et compris de tous? Aussi, passé un certain chiffre, le nombre ne fait plus rien, car on ne peut pas l'employer utilement. J'aime autant combattre 12,000 cavaliers arabes que 3,000. Ne vous étonnez donc pas des multitudes que vous pouvez rencontrer. Par les raisons que je viens de vous dire, notre armée d'Egypte vainquit toujours des cohues de Turcs, d'Arabes, de Mamelucks quatre ou cinq fois plus nombreuses qu'elle. Comprenez donc combien votre ordre est puissant. Par un commandement, je vous porte avec ensemble et harmonie sur tous les points, dans l'ordre qui convient aux circonstances. Je n'engage, si je veux, qu'une partie de mes forces, et les autres sont échelonnées en arrière, à droite et à gauche, de manière à soutenir à propos la partie engagée, en sorte qu'un ou plusieurs échecs peuvent être réparés à l'instant. Je vous pousse, je vous arrête comme je veux; j'ai ainsi dans la main un grand nombre d'actions successives. Les multitudes désordonnées, au contraire, n'en ont qu'une, celle de la première impulsion. Si elles échouent, et elles doivent échouer quand vous êtes fermes, elles ne peuvent plus revenir au combat, pourvu que, profitant de votre succès, vous pénétriez audacieusement au milieu du tumulte, pour ne plus vous arrêter jusqu'à dispersion totale de l'ennemi. Vous verrez cela comme je vous le dis, à la première affaire. »

Le général parla ensuite des fausses alertes et des paniques. Il rappela que dans la première expédition, lors de la prise d'Alger, des régiments, dans la nuit, s'étaient entre-tué des hommes, en croyant tirer sur un ennemi qui n'existait pas. « Ces petites paniques, dit-il, sont ordinairement produites par des animaux sauvages qui passent à portée d'une sentinelle, ou bien par des voleurs arabes qui, se traînant sous les broussailles, pénètrent audacieusement dans les camps, afin de prendre les chevaux. Ils sont exercés de jeune âge à ce métier pour se voler de tribu à tribu. »—Le général indiqua les moyens de saisir ou de tuer ces voleurs, sans que le camp fût mis en alarme.

Il plaça ensuite lui-même les avant-postes, et leur indiqua une foule de petits moyens de bien remplir leur objet.

Le nouveau camp étant bien assis, le général se rendit au camp d'Arlange pour y recevoir les officiers de cette brigade. Je le suivis et me mêlai au cercle qui se forma autour de lui, présumant bien que cette première entrevue d'un général inexpérimenté dans la guerre d'Afrique, avec des officiers qui la faisaient depuis six années, aurait quelque chose d'intéressant. Le général s'exprima à peu près ainsi :

« Messieurs, j'ai accepté avec reconnaissance la mission de venir vous porter secours. Me voici heureusement arrivé au milieu de vous, et, je le vois avec orgueil, vous ne vous êtes point laissé abattre par les difficultés de votre position. Cette position aujourd'hui est complétement changée. Vous étiez dans une noble attitude défensive, vous allez prendre l'offensive la plus déterminée.

« Messieurs, je suis naturellement fort inexpérimenté dans la guerre d'Afrique, mais j'ai fait six ans la guerre d'Espagne, qui s'en rapproche sous beaucoup de rapports. Toutefois il doit y avoir des différences qui tiennent à la configuration du pays, à l'état social des peuplades qui l'habitent et à leur manière de combattre. J'aurai donc besoin de votre expérience pour m'aider à vous conduire au succès. Je vous invite, Messieurs, à me faire part de vos idées, à me donner vos conseils aussi souvent que vous le jugerez opportun. Je ne dis pas que j'adopterai toujours vos conseils et vos idées, le choix m'appartient puisque j'ai la responsabilité, mais je serai toujours reconnaissant de vos communications.

« Vous comprendrez, Messieurs, que, vous ouvrant ainsi près de moi un libre accès, il ne peut pas y avoir place pour la critique de mes mesures hors de ma présence. Cette critique exercée devant les troupes me ferait perdre la confiance que j'espère avoir bientôt acquise et qui fera votre plus grande puissance, car en elle réside la force morale, bien supérieure à la force physique.

« Avant d'entrer en action, Messieurs, je vous dirai de quelle manière j'entends faire la guerre. J'en causerai avec vous, je mêlerai mes idées aux vôtres, et il en résultera, j'en ai la conviction, une heureuse campagne. Pour aujourd'hui, je ne veux que me féliciter de me trouver au milieu de vous et vous dire combien je suis fier de commander à des hommes qui ont montré tant de courage dans les combats des 16 et 25 avril. C'est à votre opiniâtre énergie que vous avez dû de ne pas succomber. Nous allons nous préparer le plus vite possible : les moments sont précieux. Il nous manque beaucoup de moyens matériels;

le temps ne nous a pas permis de les apporter avec nous. Nous tâcherons d'y suppléer par une active industrie, et, avec une volonté ferme, tous les obstacles seront surmontés. Ce qui importe le plus, Messieurs, c'est d'entretenir ou d'élever dans vos soldats un moral vigoureux. Vous pouvez leur dire que je n'ai jamais été battu, et que j'ai la confiance qu'ils ne me laisseront pas perdre en Afrique ce précieux avantage. »

Après cette allocution, le général congédia les officiers; il retint seulement les commandants de l'artillerie, du génie et du train des équipages. Il leur ordonna de faire embarquer sur-le-champ les canons de campagne, les prolonges du génie, les chariots de l'administration, enfin de ne garder que les chevaux de trait pour les transformer en bêtes de somme; voulant, disait-il, se rendre sinon aussi léger que les Arabes, du moins assez mobile pour passer partout.

Les trois chefs de service se mirent en devoir d'obéir, mais le bruit de ces mesures ayant bientôt circulé dans le camp y produisit de la surprise et de l'inquiétude; les officiers supérieurs s'étant réunis, jugèrent que le cas était venu de donner les conseils qui leur avaient été si franchement demandés; ils se rendirent en masse près du général, et le brave colonel Combes lui adressa ces paroles :

« Vous avez réclamé nos conseils, nous ne tardons pas à vous les apporter. Nous pensons que vous faites une faute de vous priver de votre artillerie; elle soutient le moral des soldats, qui pourrait être ébranlé par son absence. Elle éloigne les Arabes de nos colonnes, et fait que nous n'avons pas autant de blessés. C'est l'artillerie qui a contenu l'ennemi, le 25, et sans elle il est probable que nous aurions été défaits. »

« Messieurs, répondit le général, je vous remercie d'avoir cru à mes paroles, et j'avoue que je suis peiné de ne pouvoir suivre le premier conseil que vous m'apportez avec tant de loyauté. Mais, je vous l'ai dit, je me suis réservé de choisir. Vous dites que les soldats sentent relever leur confiance par l'artillerie. Je connais depuis longtemps ce sentiment, et, en Europe, il est bien fondé ; mais il faut leur apprendre qu'il ne l'est pas du tout en Afrique. Quoi ! vous ne pourrez pas combattre sans canon des Arabes qui n'en ont pas, lorsque vous possédez déjà de plus qu'eux trois avantages énormes : l'organisation, la discipline et la tactique ? Messieurs, autant vaudrait dire que les soldats français sont inférieurs aux Arabes. Quant à moi, je les crois très supérieurs, surtout quand ils sont commandés par des hommes comme vous.

« Vous dites que le canon éloigne les Arabes ; mais je ne veux pas les éloigner...; je veux au contraire leur donner de la confiance, afin de les engager dans un combat sérieux, par un de ces brusques volte-face que nous appelions en Espagne une *remise de main*. Vous dites encore que l'artillerie diminue le nombre des blessés, en tenant les Arabes à distance.

Messieurs, je pense tout le contraire; c'est le canon, selon moi, qui vous procure des blessés en plus grande quantité. Voici comment : Vos canons et vos chariots vous attachent à une ligne unique ; vous ne pouvez faire une charge à fond et longtemps prolongée à cause de la nécessité où vous êtes de revenir auprès de ce matériel qui ne peut vous suivre vers tous les points de l'horizon. Ces charges, ou plutôt ces simulacres de charges, n'ayant qu'une portée de quelques centaines de mètres, ne peuvent obtenir de résultats ni dégoûter les Arabes. Ils reprennent l'offensive dès que vous vous rapprochez du convoi, et c'est ainsi que le tiraillement dure toute la journée, et vous fait, à la longue, des blessés. Si, au contraire, vous êtes libres de vos mouvements, si rien ne vous retient à une ligne obligée, vous prenez une offensive sérieuse, n'importe la direction ; et, par une charge à fond et prolongée, vous faites disparaître votre ennemi en lui tuant et en lui prenant des hommes. Les combats sérieux sont courts ; il n'y a que les combats longtemps prolongés qui fassent éprouver de grandes pertes. J'ai ouï dire que les Arabes emportaient toujours leurs morts et leurs blessés. Avec la tactique que je viens de vous indiquer, je les défie de le faire, quelle que soit leur dextérité, et j'ai la confiance que non-seulement les morts et les blessés resteront en notre pouvoir, mais encore que nous ferons des prisonniers. (Un sourire général d'incrédulité accueillit ces derniers mots.)

« L'absence de canon, Messieurs, a bien d'autres avantages. D'abord, vos marches vous prendront moitié moins de temps et vous donneront infiniment moins de fatigues, car vous n'aurez pas besoin, comme par le passé, de faire une route pour l'artillerie. Au lieu d'arriver à nos bivouacs le soir, vous y arriverez à dix ou onze heures du matin. Partant, vous aurez moins de malades, plus de gaieté et de satisfaction dans vos troupes. Mais le plus grand bienfait de l'absence de ces empêchements, c'est que vous pourrez éviter de donner nécessairement fatalement dans les guèpiers que les Arabes savent si bien disposer dans les gorges où votre matériel vous force de passer. Il ne faut jamais brusquer de tels obstacles quand on peut faire autrement. Il vaut mieux ne pas combattre que de le faire avec désavantage. Quand nous aurons reconnu des difficultés de cette nature, la constitution de notre colonne, telle que j'entends l'établir, nous permettra de passer à côté. Alors, de deux choses l'une: ou les Arabes se voyant tournés s'en iront, ou ils viendront nous attaquer dans notre mouvemement : ce dernier cas nous donnera l'avantage de la situation, car j'aurai toujours soin de diriger la colonne sur l'arête d'une montagne et non pas dans une gorge. Il faudra donc que les Arabes traversent des ravins profonds pour venir à nous. D'un autre côté, Messieurs, nous aurons la facilité de nous précipiter sur tous les points d'où nous viendra l'attaque, avec cet élan et cette persévérance qui commandent le succès; car, je vous en préviens, nous ne ferons jamais retraite devant les Arabes qu'après les avoir complétement dispersés et *dégoûtés*. Se retirer devant eux, c'est leur donner les avantages que leur refuse leur manque d'organisation, de discipline et de tactique. La ligne de votre retraite est leur guide, leur drapeau; chaque Arabe fait alors ce qu'il y a de mieux à faire; on attaque votre queue, vos flancs et votre tête, et vous devance dans les passages difficiles; enfin, on vous harcèle de toutes manières.

« En marchant à eux, au contraire, vous brisez cette espèce d'ordonnance qui est constituée par le drapeau de chaque tribu. Vous augmentez la confusion et surtout vous frappez leur moral. On court toujours sur l'ennemi qui fuit; on respecte celui qui présente le combat, on craint celui qui prend l'offensive. Ces vérités trouvent leur application en Afrique encore mieux qu'en Europe. Là il faut nécessairement s'en aller devant un ennemi très supérieur, car tenir serait courir à sa destruction. Au contraire, quel que soit le nombre des Arabes, il faut marcher à eux, parce que le nombre, comme je vous l'ai déjà dit, passé un certain chiffre, n'ajoute rien à leur force, parce qu'il leur est impossible d'enfoncer un bataillon, parce qu'enfin ils n'ont aucun moyen d'utiliser leur multitude contre des adversaires qui ne fuient pas devant eux.

« C'est à cause de cela que je veillerai à ce que notre colonne ait deux ou trois jours de vivres de plus qu'il n'en faut pour regagner la côte, afin de pouvoir au besoin consacrer un jour ou deux à poursuivre l'ennemi qui viendrait nous attaquer dans notre retraite.

« Si j'avais eu le malheur, Messieurs, de ne pas vous convaincre complétement, quelques jours de campagne achèveront de vous persuader. Pour le moment, je n'ai plus qu'à vous remercier des conseils que vous avez bien voulu me donner. »

Les canons et les chariots furent embarqués. Mais, pour transformer en bêtes de somme les chevaux de trait, il fallait des bâts, et nous n'en avions point. Le général demanda à la marine de vieilles toiles dont il fit fabriquer des panneaux qu'on rembourra de paille d'orge prise dans les montagnes. Il remarqua, en parcourant le camp, que les douaires avaient une cinquantaine de chameaux ou mulets pour porter leurs tentes; il résolut de les mettre entre les mains de l'administration de l'armée. Toutefois, avant d'employer l'autorité, il voulut tenter de les obtenir à l'amiable, reconnaissant qu'il importait de ne pas indisposer Mustapha et ses cavaliers. Il fit appeler ce chef, qui, après quelques difficultés, consentit à ce qu'on lui demandait et fit porter ses tentes sur les vaisseaux. On ajouta à ces moyens de transport en ramassant dans le camp les chevaux, les mulets, les ânes appartenant à des officiers, à des cantiniers et à des marchands qui avaient suivi la brigade d'Arlange. Tout cela réuni nous permettait de porter pour six jours de vivres, et quinze cartouches de réserve par homme. Mais les vivres manquaient. Le général demanda du biscuit au capitaine de vaisseau Bazoche, qui commandait la petite escadre. Celui-ci ayant ordre d'aller rejoindre l'amiral Hugon dans les eaux de Tunis, refusa d'abord; cependant, pressé de nouveau par le général qui lui exposa sa détresse et l'impossibilité dans laquelle il était d'opérer si on ne lui donnait pas les vivres demandés, le capitaine prit sur lui une responsabilité qui l'honore et dont on doit d'autant mieux lui savoir gré, que dans la marine surtout, les officiers, sont religieux observateurs des ordres reçus. Je passe sous silence une foule d'autres industries qui furent employées pour nous mettre en état de gagner Oran, et de combattre en route s'il y avait lieu.

Je vous ai dit, mon cher oncle, que les nouveaux régiments avaient été un peu affectés par la misère de la brigade d'Arlange et l'aspect du pays; vous allez voir un effet entre beaucoup d'autres de cet affaiblissement moral. Durant la nuit, une sentinelle de mon régiment ayant entendu du bruit dans les broussailles, fit feu. Le poste qui était derrière fit feu à son tour, et de proche en proche tous les postes tirèrent, même la garde police (*). Tout le régiment peut-être eût fait feu aussi, sans les efforts multipliés des officiers. Le général accourut sur-le-champ, et reconnaissant que c'était une panique, il se porta bien vite partout où l'on tirait, pour faire cesser. Il y parvint enfin, mais

(*) Piquet placé en avant, et près du camp pour garder les faisceaux et les hommes punis.

trop tard, car nous avions cinq hommes tués et quatre blessés. Le général forma le régiment en colonne serrée, et lui reprocha avec véhémence cette absurde conduite. Cependant il y eut encore dans la nuit quelques coups de fusil tirés sur toute la ligne, mais qui n'eurent aucune suite fâcheuse.

Cette disposition des troupes détermina le général à éviter le combat dans les montagnes qui entourent le bassin de la Tafna, parce que là, indépendamment de la cavalerie arabe, il aurait eu à combattre cinq à six mille hommes d'infanterie kabaïle. Il forma donc sa colonne pendant la nuit du 11 au 12, tout près d'un sentier qui conduit à Oran, en longeant la mer à peu de distance. Comme dans cette direction le terrain est horriblement coupé de ravins, les Arabes ne le gardaient pas, présumant qu'avec le matériel qu'ils nous connaissaient, nous ne pourrions pas essayer de passer par là. Aussi fîmes-nous quatre lieues sans rencontrer personne. Le général savait bien que la cavalerie arabe nous rejoindrait dans la journée; mais c'était beaucoup de n'avoir pas affaire à l'infanterie. Nous n'avions vraiment pas de temps à perdre à combattre. Il nous fallait gagner Oran pour nous mieux constituer, afin d'entrer sérieusement en campagne.

A dix heures du matin, nous étions parvenus sur des plateaux faciles, lorsque des tourbillons de poussière nous annoncèrent l'arrivée de la cavalerie d'Abd-el-Kader : c'était l'émir lui-même avec cinq ou six mille chevaux. Aussitôt le général prit la disposition de combat qu'il nous avait fait répéter plusieurs fois depuis le 6, jour du débarquement, jusqu'au 11, veille du départ. Cette disposition consiste en un grand losange formé d'autant de carrés qu'il y a de bataillons, le bagage et la cavalerie au centre, avec l'espace suffisant pour se mouvoir. Nous avions dix bataillons formés en trois colonnes, trois à chacune des colonnes de droite et de gauche et quatre à la colonne du centre, qui renfermait aussi les bagages en tête desquels marchait un bataillon; les trois autres bataillons étaient en arrière pour couvrir la marche, et pour l'exécution du losange dont j'ai parlé plus haut. Au signal du combat, qui était un coup de pétard, on s'arrêtait, et les colonnes des deux ailes s'échelonnaient à cent vingt pas sur le bataillon de la tête de colonne du centre, et trois autres bataillons de la même colonne formaient la même figure en arrière.

Par cette disposition, les bagages et la cavalerie sont parfaitement couverts partout, les bataillons sur les quatre faces se protègent mutuellement en croisant leurs feux, et les intervalles qui les séparent permettent à la cavalerie de sortir brusquement et de rentrer de même sans rien déranger à l'ordre de l'infanterie.

Ce grand carré de carrés offre en outre l'avantage de se mouvoir avec ordre et légèreté, dans toutes les directions, quelle que soit la nature du terrain. Il possède toutes les conditions désirables pour combattre les Arabes. Notre cavalerie, trop inférieure en nombre pour commencer le combat, doit être conservée au sein du grand carré pour la lancer dans les instants propices, qui sont le moment où l'ennemi en déroute passe un ravin, un défilé, une rivière. C'est sur la queue des fuyards qu'il faut lancer nos trop peu nombreux cavaliers, et, dans ce cas, ils doivent charger avec la plus grande impétuosité. Le grand carré les appuie d'aussi près que possible, et ils y trouvent au besoin un refuge assuré.

Je me persuade, mon cher Oncle, que si Napoléon en Egypte eût connu cette disposition, il l'eût préférée à ses immenses carrés à face continue, qui sont si peu maniables, dans lesquels le désordre s'introduit si facilement, et qui, une fois crevés par l'ennemi, sont perdus en totalité. Ici, au contraire, les bataillons sont indépendants l'un de l'autre, leur force est en eux-mêmes, et, en l'employant à leur propre défense, ils protègent leurs voisins.

Les Arabes ne tardèrent pas à nous joindre, et heureusement ils portèrent le plus gros de leurs forces sur la route d'Oran, entre nous et le ruisseau du Rhaser; ce qui nous assurait qu'après les avoir battus nous trouverions de l'eau. Il faut bien observer qu'on ne devrait pas poursuivre l'ennemi longtemps dans une direction où il ne serait possible de désaltérer la colonne qu'après avoir fait sept ou huit lieues. Voilà pourquoi il est si essentiel que le général et les officiers d'état-major, pour faire la guerre en Afrique, aient une connaissance parfaite de la topographie des eaux. Les erreurs à cet égard pourraient entraîner la perte d'une colonne.

Le général, fidèle aux principes qu'il nous avait démontrés, marcha sur le gros de l'ennemi dès que ces dispositions furent prises. Les Arabes vinrent au-devant de nous ; mais ils ne purent pas supporter notre feu une demi-minute ; ils firent volte-face et allèrent se reformer sur un autre plateau. La chaleur était excessive. Beaucoup de soldats restaient en arrière. Le général fut contraint d'arrêter son mouvement victorieux pour donner aux traînards le temps de rejoindre. Plus tard, il fallut même laisser deux bataillons pour les protéger contre quelques centaines d'Arabes qui harcelaient notre queue. Je le dis à regret, les deux bataillons s'acquittèrent mal de cette mission. Peu confiants dans leurs propres forces, ils demandèrent souvent du renfort au général, qui, inquiet de leurs alarmes, arrêta ses têtes de colonnes victorieuses dans le moment le plus décisif pour aller lui-même voir ce qui se passait à l'arrière-garde. Il n'y trouva pas les ennemis plus nombreux que ceux qu'il avait vus précédemment, mais ils étaient devenus plus audacieux, parce qu'ils s'apercevaient de notre timidité. Le général gourmanda ces deux bataillons de ce qu'ils l'avaient forcé de suspendre la victoire pour venir à leur secours sans nécessité. Il termina ainsi la plus brusque harangue que j'aie entendue : « Vous vous êtes faits moutons, et ils courent sur vous comme des loups. Faites-vous lions et vous serez respectés. »

Revenu à la tête de la division, le général reprit l'offensive, les Arabes furent de nouveau mis en fuite, et une circonstance ayant paru favorable au général, il lança sa cavalerie, qui, donnant impétueusement sur la queue des fuyards, tua une soixantaine d'hommes. L'ennemi, dégoûté par cette succession d'attaques vigoureuses, disparut totalement. Nous campâmes sur le Rhaser, petit ruisseau qui nous fournit à grand'peine assez d'eau pour désaltérer la colonne et faire la soupe. Trois ou quatre soldats étaient morts de fatigue et de chaleur; deux s'étaient brûlé la cervelle pour la même cause. Du reste, nous n'avions eu qu'une douzaine d'hommes tués ou blessés par l'ennemi.

Nous ne vîmes plus d'ennemis jusqu'à Oran, où nous arrivâmes le 17.

Le petit combat du 12, la disparution complète des Arabes qui en était résultée, la facilité de la marche; tout justifiait déjà les principes que le général avait exposés; aussi la confiance en lui devenait complète. C'était un heureux présage pour la petite campagne que nous entreprîmes le 19. En deux jours, à force d'activité, nous avions constitué notre colonne, de manière à parcourir le pays pendant un mois. Nous portions en même temps des vivres pour la garnison de Tlemecen, dont nous devions augmenter encore les approvisionnements en allant à la Tafna lui faire un deuxième convoi. Le général nous avait dit qu'il croyait que ces deux ravitaillements appelleraient les Arabes au combat, car il était dans l'ordre qu'ils empêchassent l'approvisionnement de notre garnison affamée. C'était en ce moment le seul moyen d'avoir une affaire. On n'oblige pas les Arabes au combat ; ils ne combattent que quand ils veulent, et cela se conçoit aisément : ils sont légers comme des oiseaux, ils n'ont ni villes, ni villages, ni dépôts, ni bagages à protéger ; ils sont donc maîtres de n'engager l'action que quand cela leur convient.

Nous marchions avec un ordre parfait, quoique sans route et à travers les broussailles. Nous avions trois colonnes d'infanterie avec quelques cavaliers éclaireurs. Les bagages et le troupeau étaient à la colonne du centre. La cavalerie divisée en deux colonnes marchait entre les colonnes des ailes et celle du centre. Quand la colonne du centre s'engageait dans une gorge, les colonnes de droite et de gauche échelonnaient leur bataillon sur les côtés, en prenant les positions culminantes, jusqu'à ce que cette longue file de chameaux, de mulets et de bœufs eût franchi le passage périlleux.

Nous partîmes au point du jour, car on ne peut marcher la nuit dans un pays sans chemins. Les colonnes s'arrêtaient ou se remettaient en mouvement par des signaux qui partaient de la colonne du centre. C'était un coup de pétard. Si les colonnes des ailes n'étaient pas en vue, elles y répondaient par un signal pareil, et si elles n'étaient pas à hauteur de la colonne du centre, elles marchaient jusqu'à ce qu'elles y fussent arrivées. Malgré la difficulté des lieux, nous allions presque aussi vite qu'en Europe. Il était rare que nous n'eussions pas fini notre marche à onze heures du matin. La fatigue n'étant pas excessive, le soldat était gai en route et au bivouac. Cependant, quelques journées brûlantes et sans air produisirent cinq suicides ; on remarqua qu'il y avait quatre Corses.

Le 24 juin, trois ou quatre mille chevaux arabes attaquèrent la queue de la colonne du centre, entre l'Amiguier et la Safsef, sur une crête accidentée et bordée de profonds ravins qui nous empêchaient de faire agir nos ailes avec facilité. Le général arrêta les têtes de colonne et se porta à la queue avec la cavalerie, dont il forma trois échelons appuyés par deux bataillons. Ces dispositions prises, il s'écria : « Vous savez, soldats, que je vous ai promis de faire respecter notre queue, eh bien, nous irons, s'il le faut, coucher à notre bivouac d'hier ; mais nous ne nous arrêterons qu'après avoir dispersé cette canaille. En avant ! »

Les Arabes tinrent un instant. Notre premier échelon hésita ; il eut cinq hommes tués. Le deuxième échelon arriva en ligne, et les deux ensemble mirent les Arabes en fuite. A ce moment, Mustapha et ses douaires, à qui on avait permis de chasser, parce qu'on n'avait aucun indice d'une attaque, arrivèrent par le flanc droit des Arabes, et comme ils sont des cavaliers du premier ordre, ils joignirent bien vite les fuyards et coupèrent environ quatre-vingts têtes. En moins d'un quart d'heure nous ne vîmes plus un seul Arabe. Cependant quelques officiers avaient dit au général que nous les aurions, selon l'usage, toute la journée à notre suite. Il saisit cette occasion pour faire remarquer à tous qu'avec de l'énergie et une constitution de colonne très mobile, on s'en débarrassait aisément.

Le même jour nous allâmes coucher à Tlemecen. Abd-el-Kader qui l'assiégeait avait levé son camp, et s'était retiré vers la Tafna. Le commandant Cavaignac, avec une partie de sa garnison, était venu au-devant de nous. C'était la première fois qu'ils communiquaient avec l'armée française depuis cinq mois qu'ils étaient enfermés dans le Mechouar. Aussi l'on peut se faire une idée de la joie qu'éprouva cette malheureuse garnison en revoyant les frères d'armes qui lui apportaient des subsistances. Elle était à la demi-ration de pain d'orge depuis deux mois. Les officiers, de même que les soldats, étaient maigres et pâles ; mais ils conservaient la fermeté dévouée qui les avait portés à s'offrir au maréchal Clauzel pour occuper ce poste. Si des hommes de cette trempe avaient pu se laisser aller au découragement ils eussent été soutenus par leur chef, le commandant Cavaignac, qui exerçait sur eux l'empire d'une âme forte, intelligente et élevée.

Nous vidâmes notre convoi dans les magasins du Mechouar, et le lendemain nous partîmes pour la

Tafna avec nos chameaux et nos mulets déchargés. Nous les avions renforcés par le petit nombre de bêtes de somme que nous avions pu trouver à Tlemecen, car il fallait rapporter des vivres, non-seulement pour assurer à la garnison un approvisionnement de quatre mois, mais encore pour en distribuer au reste infortuné des habitants de cette malheureuse cité, qui comptait naguère vingt mille âmes, et qui en contenait alors trois ou quatre mille dans le plus affreux dénûment.

Le second jour de marche, à midi, nous étions campés sur le bord de l'Isser, au pied du mont Telgoat, où le maréchal Clauzel avait battu les Arabes quelques mois avant, mais où il n'osa s'engager à cause de son matériel d'artillerie et de chariots, quoiqu'il fût dans ses projets de pénétrer jusqu'à l'embouchure de la Tafna pour y établir le poste que le général d'Arlange y installa plus tard. Quelques Arabes se montraient vers la gorge où nous aurions dû passer, si nous avions eu des chariots et des canons. Le général soupçonna qu'ils indiquaient l'existence d'une forte embuscade, et il résolut de passer ailleurs. Il ordonna que la soupe fût mangée à trois heures après midi. A cette heure il fit prendre les armes, et il dirigea la colonne centrale par un sentier qui gravissait la montagne à trois quarts de lieue sur la droite. Un peu avant, la cavalerie s'était portée vers la gorge que l'on supposait occupée (et qui l'était en effet), afin de faire croire le plus longtemps possible aux Arabes que nous allions passer par là. On ordonna de garnir d'eau les grands bidons et les marmites, et de se relayer pour les porter au sommet de la montagne, où nous devions camper, et où il n'y avait aucune source. Un peu avant la nuit, nous étions maîtres sans coup férir du point culminant, et assurés de descendre le lendemain dans la vallée de la Tafna, sans que l'ennemi, quelle que fût sa force, pût nous en empêcher. Les plus incrédules comprirent alors les avantages de notre constitution mobile. Le jour suivant nous arrivâmes sans difficulté et sans combat au port de la Tafna. Nous mîmes quatre jours à recomposer notre convoi de subsistances. Le cinquième jour, un peu avant la nuit, nous vînmes camper au pied du revers nord du Telgoat, et en face de la gorge où passe la rivière de la Tafna. Nous vîmes des Arabes qui s'y dirigeaient de tous les points. Le colonel Combes, avec trois bataillons et quelques mulets chargés d'outils, fut posté à l'entrée du défilé, et commença à faire une route pour l'artillerie et les chariots. Les Arabes voyaient ce travail du haut de leur montagne, et comme ils savaient que nous avions des chariots et du canon au camp de la Tafna, ils durent supposer que nous leur préparions une voie par la gorge. Cette petite ruse réussit à merveille. Ils se rassemblèrent tous pour la défense du passage, et laissèrent dégarnis les autres points de la chaîne. A onze heures du soir, le colonel Combes revint en arrière avec ses trois bataillons, puis remontant à l'est en suivant le pied du Telgoat, il alla prendre à une demi-lieue de là un sentier qui le conduisit au sommet. Il y fut suivi de près par le reste de la colonne, et au point du jour nous étions en possession du sommet des monts. Après une halte pour nous coordonner, nous descendîmes sur l'Isser que nous franchîmes, et nous campâmes sur la rive gauche.

Abd-el-Kader, qui se tenait sur la Tafna avec toutes ses forces pour nous disputer le fatal passage, apprit bientôt que nous avions passé derrière lui et que nous étions à cheval sur la route ne Tlemecen; il leva son camp, et, à deux heures après midi, il traversa l'Isser sur deux colonnes d'inégale force qui campèrent, la plus grosse en amont, la plus faible en aval de notre camp, environ à demi-lieue. Le général jugea dès lors qu'Abd-el-Kader était décidé à combattre le lendemain, et qu'il saisirait probablement l'instant où nous franchirions le profond ravin de la Sickack qui était à une lieue derrière nous. Le général alla reconnaître cette route jusqu'à la rivière; il avait amené des officiers d'état-major qui devaient étudier avec soin la direction qu'auraient à suivre les trois colonnes. Son intention étant de partir assez de bonne heure pour avoir passé le ravin au point du jour. En rentrant au camp, il fit réunir au centre les officiers, sous-officiers et caporaux, et leur parla ainsi :

« Officiers et Sous-Officiers, vous allez dire à vos soldats que tout annonce que nous aurons demain l'affaire sérieuse que je désire et que vous désirez tous.

Dites-leur que nous ferons un instant retraite devant l'ennemi, que nous aurons à supporter avec patience et fermeté ses attaques, mais qu'aussitôt que nous pourrons nous débarrasser du convoi et le jeter sur Tlemecen avec une escorte, nous prendrons l'offensive, nous nous précipiterons sur l'ennemi comme la foudre et nous le jetterons dans l'une des trois rivières qui bordent trois des côtés du carré où nous allons combattre. Qu'ils ne répondent pas aux cris des Arabes : les bons soldats ne crient pas, ils conservent le calme et le sang-froid qui permettent d'exécuter à-propos les commandements : ceux-là seuls sont redoutables. Les cris sont un signe de peur, on cherche ainsi à s'étourdir sur le danger. Surtout, Messieurs, n'oubliez pas de faire charger vos fusils à deux balles pour recevoir les Arabes.—Allez rendre à vos compagnies les paroles que vous venez d'entendre. »

Moustapha, informé de l'heure du départ, vint supplier le général de ne partir qu'au jour, car, disait-il, il est fort imprudent de marcher la nuit avec une colonne surchargée d'équipages. Une charge des Arabes pourrait vous mettre dans la plus grande confusion.—Le général lui représenta que les Arabes d'Abd-el-Kader avaient comme lui une grande répugnance pour marcher la nuit; que, selon toute apparence, nous ferions notre mouvement et le passage de la rivière fort paisiblement; que l'important était d'avoir passé le ravin avant l'attaque. Le chef des Douaires, insista. Le général, pour le satisfaire en partie, retarda le départ d'une heure.

Cette condescendance faillit nous coûter bien cher; notre convoi était à peine engagé dans le passage de la Sickack que nous fûmes vivement attaqués en queue par le camp qui s'était placé à l'est de notre bivouac. Avertis de notre départ par les cris que les chameaux font entendre pendant le temps qu'on les charge, les Arabes s'étaient mis immédiatement sur nos traces ; le général se porta vivement sur la gauche afin d'y disposer une résistance suffisante pour couvrir le passage. Les Douaires soutenus par deux bataillons du 24me furent chargés de cette mission.

Dès que le général vit que tout le monde était ferme et que l'ennemi était contenu, il repassa rapidement à la tête, présumant bien qu'Ab-del-Kader avec le gros de ses forces allait arriver sur les plateaux de la rive gauche de la Sickack, afin d'enfermer les Français dans le ravin où coule cette rivière. Il forma sur la droite, en bataille, perpendiculairement au ruisseau, la brigade du colonel Combes; le 2me de chasseurs fut formé derrière en colonnes par escadrons, le 62me fut formé parallèlement et face au ruisseau sur la crête du coteau; le 23me de ligne et les chasseurs d'Afrique s'établirent perpendiculairement à la gauche du colonel Combes, ce qui formait les trois faces du grand carré. Cette disposition n'était que préliminaire ; elle n'avait pour objet que de protéger le passage du convoi ; elle devait se modifier dans l'offensive comme nous allons le dire :

Abd-el-Kader parut sur les plateaux en même temps que nous, et nous lança immédiatement une nuée de tirailleurs. On les contint à distance par deux compagnies de voltigeurs, afin de gagner du temps. Il nous fallait encore un quart d'heure pour rallier notre convoi sur le plateau et lui faire prendre la route de Tlemecen. Mais l'émir ne voulut pas nous le donner. Il se précipita sur nous avec toutes ses forces ; il n'y avait plus à temporiser. Le général se décida à prendre l'offensive. La brigade Combes s'échelonna par bataillons sur le centre et forma les carrés. Le 23e et le 1er bataillon d'Afrique suivirent en colonnes doubles. Le 2e de chasseurs marcha derrière la brigade Combes, attendant l'instant propice pour charger. Les tirailleurs arabes furent bientôt rejetés sur leurs masses, qui s'avancèrent à leur tour à notre rencontre. On s'aborda de fort près, et les Arabes tinrent un instant, puis ils reculèrent en désordre. Le général crut devoir alors lancer le 2e de chasseurs. C'était trop tôt. Ce régiment fut ramené et perdit une vingtaine d'hommes. Les bataillons s'avançant au pas de charge couvrirent sa retraite et remirent bientôt l'ennemi en déroute. Notre artillerie de montagne y contribua puissamment avec ses obus et sa mitraille ; notre mouvement offensif ne s'arrêta plus. Mais le général ne lança une seconde fois sa cavalerie qu'après avoir repoussé plusieurs charges des Arabes et lorsqu'ils furent dans la plus grande confusion. Il avait envoyé l'ordre aux douaires de le rejoindre, et au convoi de prendre la route de Tlemecen, sous l'escorte du brave commandant Cavaignac.

Nos cavaliers arabes arrivèrent au moment où le 2ᵉ de chasseurs pénétrait dans cette masse confuse ; ils achevèrent la déroute des Arabes, et grand nombre de cavaliers tombèrent sous leurs coups. Cette cohue de cavaliers étant dispersée, nous aperçûmes l'infanterie qui gagnait à toutes jambes les ravins de l'Isser. Le général voulut alors diriger tous ses efforts contre ces fantassins qui lui paraissaient une proie assurée. Mais comment ramasser ses cavaliers répandus par groupes sur une surface immense? Il jugea que la communication d'ordres était impossible, et qu'il n'y avait que l'exemple qui pût les amener à lui. A cet effet, il se lança sur l'infanterie en jetant de grands cris, avec un seul escadron qu'il avait gardé en réserve, et les officiers montés de toutes armes qui se trouvaient autour de lui. Ce mouvement fixa l'attention de nos cavaliers dispersés ; ils arrivèrent avec rapidité de tous les points, et fondirent sur cette malheureuse infanterie qui, se trouvant acculée à un escarpement à pic de quarante ou cinquante pieds d'élévation, fut taillée en pièces. Ce fut en multipliant ses efforts que le général obtint qu'il fût fait cent trente prisonniers.

Pendant ce temps, la cavalerie arabe n'étant plus poursuivie s'était réunie et nous présentait une grosse masse. Quelques bataillons et l'artillerie de montagne furent à l'instant dirigés contre elle; elle tint peu, et nous la poursuivîmes jusqu'à la Tafna, sur la route de Madroma, à quatre lieues du champ de bataille.

Durant cette action, la colonne qui avait attaqué notre queue fut contenue par le 62e, sur la rive gauche de la Sickack, et ne put opérer sa jonction avec Abd-el-Kader. Le convoi avait gagné Tlemecen sans aucun accident.

Ainsi, le ravitaillement était opéré, et nous venions de remporter la victoire la plus complète qui ait eu lieu en Afrique en rase campagne. Nous étions ivres de joie, contents de notre général, et notre général content de nous. Les grenadiers lui firent une baraque de lauriers, et les douaires, croyant lui rendre un hommage agréable, disposèrent à l'entour des monceaux de têtes ennemies. On s'empressa d'enterrer ces trophées africains sur le bord du fleuve.

Le général avait le désir de poursuivre le lendemain sa victoire et de s'avancer jusqu'aux frontières de l'empire de Maroc; mais les troupes étaient horriblement fatiguées, et nous n'avions aucun moyen de transport, puisque le convoi était à Tlemecen. D'ailleurs, il n'y avait pas comme en Europe une armée à poursuivre pour achever sa défaite. Les Arabes vaincus se dispersent sur tous les points de l'horizon; ils sont partout et nulle part.

Nous pensions tous que cette victoire allait nous amener la soumission de toute la province. Hélas!

tous nos trophées se réduisirent à sept drapeaux et cent trente prisonniers. Les suites n'eurent d'autre résultat que de nous donner le droit de parcourir des broussailles brûlantes, sans rencontrer aucun ennemi sérieux. Revenus à Tlemecen, nous essayâmes de moissonner dans les environs; mais comme les blés étaient rares et très éloignés, nous ne ramassions pas autant de subsistance que nous en consommions, et nous aurions ruiné à ce métier les approvisionnements de la garnison.

On envoya des émissaires maures aux Arabes pour les menacer de brûler tout s'ils ne se soumettaient pas. Nous allâmes jusque sur le haut Isser sans brûler; personne n'étant venu au-devant de nous pour se soumettre, nous fîmes, de là à Oran, en passant par le Sig, un ruban de feu d'environ deux lieues de largeur. Ainsi finit cette petite expédition.

Pardonnez, mon cher oncle, si je vous ai fatigué par la multiplicité des détails; mais peut-être ne seront-ils pas inutiles un jour à mes jeunes cousins que vous destinez, je le sais, à la profession où vous avez acquis l'honneur qui sera leur plus bel héritage. J'ai senti moi-même plusieurs fois combien nos histoires militaires laissent à désirer pour l'intelligence du métier.

Votre très affectionné neveu,

L. DE V***,
Lieutenant de l'armée d'Afrique.

www.ingramcontent.com/pod-product-compliance
Lightning Source LLC
Chambersburg PA
CBHW060717050426
42451CB00010B/1496